그 세계의 말은 다정하기도 해서

박숙경 시집

시인동네 시인선 156

박숙경 시집

그 세계의 말은 다정하기도 해서

시인동네

시인의 말

한때라는 말을 생각했다.

오늘의 표정을 확인하지 않더라도
이미 충분히 쓸쓸할 것이므로,

도저히 가질 수 없는 진실 앞에서

하루의 말문을 닫고

상처라서 더 눈부셨던 순간들을 생각했다.

2021년 7월
박숙경

차례

제2부

제3부

제1부

시(詩)

쓸모없이 자라는 오지랖과
한쪽으로만 기울어지는 외고집과
필요 이상의 변명과 이유를 잘라냈다

하얀 비명이 떨어진다
끈적한 울음이 손가락 사이사이 들러붙는다

손금이 뚜렷해지기까지는
얼마의 시간과 얼마의 햇빛이 필요한지

생명선이 길어질 때쯤
겨드랑이 밑으로 곁가지가 돋아난다

저, 눈물겨운 균형

자꾸 혼잣말이 늘어난다

부사(副詞)로 엮은 봄의 해례본

겨울이 마지막 시접을 접어 공그르기를 끝내면
혓바닥 밑에서 아늘거리던 말문이 트인다

채널마다 매화 만발

그 꽃 다 지면 무슨 재미로
그러다가 살구꽃 피고 지고
또 그러다가 명자나무 넌지시 부풀 텐데
아마도 서부해당화 옥매화 손잡고 번질 텐데
봄의 해례본이 만장일치로 펼쳐질 텐데

설마 분홍,
제발 분홍,
아무쪼록 분홍, 분홍
실로 그렇게, 그럼에도 불구한 꽃 기별이 오갈 터

돌 틈마다 사이 사이의 감정들이 무릎 꿇고 풀꽃 편지를 쓸 텐데

지금은

야행성을 가다듬고 발치에 누워 갸릉거리는 고양이의 얄미운 시간이거늘

밑줄 그어진 한 행의 서정시이거늘

사실 그대로 아주 수식(修飾)의 봄밤이거늘

어둠은 어디에서 오는가

외다리로 서 있는 왜가리의 왼쪽 다리부터이다

낯익은 길고양이 신경을 곧추세우고 꽃마리 앞에 무릎 꿇을 때부터이다

징검돌에 닿는 물의 목소리가 커지고부터이다

물고기들이 배를 뒤집어 은빛으로 뛰어오를 때부터이다

북서쪽으로 번져가는 노을의 꽁무니를 바라보는 눈동자에 물기가 어린 순간부터이다

비행운이 사라지고부터이다

매천역을 통과한 스카이레일이 놀빛 속으로 빨려들고부터이다

파문을 그리던 물오리가 집으로 돌아갈 무렵부터이다

비둘기 떼 지어 교각 아래로 숨어들 때부터이다

등 뒤로 번져오는 저녁의 서정을 차마 감당할 수 없어 하늘 향해 입술을 삐죽이고 있는 이팝나무 정수리부터이다

하릴없이 마음 급해지면 보이지 않는 것마저 흔들린다는 걸 알아차리는 순간부터이다

아니다, 그대 발자국 소리에 귀 기울였던 때부터이다

고등어

흑청색의 타투가 새겨진 오른쪽 어깨가 물결무늬로 출렁거리면
달빛은 지느러미를 통과한다

한때 빛났던 흔적들

차라리 그리워했다고 말할 걸 그랬다

눈물이 눈시울까지 당도하는 것보다 빙하기가 빨랐다

뜬눈으로도 볼 수 없는 세상
낭만과 달빛을 버리니
꿈이 한층 가벼워졌다

헷갈리는 기적과 애매한 운명 따위를 믿지 않기로 하면
이런, 자꾸 쏟아지는 졸음을 어쩌나

뭍이 가까워질수록 기도의 시간이 줄었다

그의 눈물처럼 오래된 사랑처럼
이별은 늘 뜻하지 않게 와 있었다

모차르트 Piano Concerto No. 23

쉽게 분해되지 않는 음악 속에 휴대폰을 넣어놓고 핸드백 안의 빨간 지갑과 주머니 속의 아이슬란드블루 빛깔을 매단 자동차 키를 넣어놓고

갈라파고스의 놀빛은 무슨 색일까?

유년의 일기장을 넣어뒀을까?

기억 속의 모나코핑크빛 닮은 몇 날들을 남겨두었을까?
아마도, 그러리라 믿으면 오늘의 해가 뜬다
덜 익은 석류가 환하게 익는다

갈라파고스의 진화는 아직도 유효할까?

서랍 안에 잠든 낡은 사진과
천 년 전 추억이라 불리던 몇 개의 음악을
손바닥만 한 앨범에 다시 꽂아두고

8분의 6박자 시칠리아노 리듬 속에
자기장 뜯겨진 오래된 통장과 낡아버린 옛이야기를
나프탈렌 냄새 가득한 빛바랜 한 권의 책과
만지면 부스러질 듯한 네잎클로버 사이에 끼워두고

그 여자는 떠나버렸다

모차르트 Piano Concerto No. 23
아련한 잘츠부르크로

Endless Corona

고구마가 익어가는 동안
사람들의 악수는 사라집니다

위태로운 하루가
다시, 고비의 주말로 연결됩니다

잠깐의 행복이 익는 사이
은유도 직유도 못되는 말들이 난리처럼 쳐들어와
빈부의 경계를 긋기도, 허물기도 하네요

한 번도 경험하지 못한 기막힌 세상이
다이내믹하게 펼쳐집니다

오염된 우울이 먼지처럼 번지는 오후
고구마는 이기적으로 익어가고

쓸쓸할 수도 없는
쓸쓸한 이들을 위하여

사람의 기도는 더 간절해지고
미세한 틈으로 안쪽의 순간을 밀어냅니다

Corona Blue의 신조어들이 수천수만의 섬을 만드는 시간
맛있는 저녁이 되길 바라는 오후의 모서리에 기대어
모두의 내일을 생각합니다

내가 나를 가두는 나날입니다

길고양이

어둠을 사랑한다는 말과 도둑이라는 누명의 말은
왠지 은밀히, 라는 말과 잘 어울리죠

눈물을 사랑해요
심심한 날이면 자음 모음을 허공에 던져 흩어진 낱말을 낚기도 해요 처녀자리에 영역 표시를 하는 건 우리들만은 아니죠 슬퍼질 때는 잘게 다져진 별빛으로 심장 한복판에 눈물의 뼈대를 그려요

본능은 잔인하기도 해서 기억해야 할 것은 잊어버리고 잊어버려야 할 것은 기억해요 그러므로 우리는 유죄라는 붉은 글씨를 가슴에 새기죠

벽과 벽 사이를 사랑해요
그림자들의 수군거림을 엿듣거나 바람의 목격담이 들려오면 우울해져 헛기침이 나요 아무렇게나 흘려놓은 몇 마디와 팽팽해진 밤의 감정이 손을 잡으면 어둠으로 깊어져 눈빛이 흐려져요

안개 같은 사랑을 꿈꿔왔어요
안개는 안개를 외면하지 않아요
나지막이 안개가 번져오면 젖은 안개를 따라가요
떠돌던 바람을 안고 꿈속의 풀밭을 달려요
모든 것이 안개 탓이라고 외치면 기적이 솟아날까요

눈물 없이도 슬피 울던 비둘기는 어딘가로 떠나고
남겨진 목소리만 구구구
빈 벤치 앞을 기웃거려요

술렁이던 허공에 신생의 별 하나 돋아날 때까지
떠날 수 없는 이 거리를 사랑해요
어둠을 사랑해요
절망, 그다음을 사랑해요

팔굽혀펴기

지루한 생각이 자라나면
미완의 팔굽혀펴기를 꺼내야지
눈물이 고여 넘치기 전에

비밀이 될 수 있는 것과
비밀이 될 수 없는 것의 차이는
뻔한 것과 뻔하지 못한 것의 차이

만월을 삼켜버린 꿈
아름다운 슬픔일까
꿈 깨기 전의 깊은 흐느낌 같은 걸까

얼마의 기억들이 줄을 서서 못을 박고
입장을 바꿔보지 못한 생각들이 집을 짓는 시간
생각하기 나름이라는 생각으로
초라해진 생각의 어깨를 두드리며
문턱을 넘나드는 여러 말을 생각했다

살아야 하는 세상에서는
살아야 하는 것이 순서이므로
이별이라는 말을 포기하기로 했다
언젠가는 완성될 팔굽혀펴기를 위하여

지렁이

꿈틀꿈틀은 나의 유일한 저항 수단

아무리 걸어 봐도 먼 내일
햇볕은 눈물겨운 분신의 최적 조건
밟히고 말려지는 건 가문의 오래된 장례법
차마 눈 뜨고도 못 볼 일 많아
눈 감고 어둠 속으로 기어들기도 한다

가끔, 풀잎에 기대어 나비를 꿈꾸기도 했다

과거와 현재와 미래는 한 끗 차이

오늘도 비명 한번 없이
쥐똥나무 꽃향기 쪽으로 직진 중이다

뼈 없는 설움이 깊다

갸륵함에 대하여

11월의 은행잎은 월요일에 포장이 끝난 아스팔트를 지나 봉명네거리로 몰려든다

십자가에 매달린 호기심과
화요일의 점멸등과
우수수 떼 지은 메마른 나뭇잎과
주인을 끌고 가는 반려견과
텅 빈 리어카를 밀고 가는 귀마개를 한 노인과
왼쪽으로 열린 편의점과
오른쪽의 풍진 참기름 집과
전봇대 두 개와 빨간 자두나무 길,
꽤나 선정적인 밤이었을 것 같은 골목길과
모처럼의 햇살과 짧은 치마
그리고 연명하지 않고 뛰어내리는 갸륵한 은행잎과

흔적
— 대상포진

압축된 잠복기가 풀리면서
꽃의 비명이 바람에 실려 왔다

저, 출처 불분명의 레드카드
낯선 내가 뾰족이 돋았다

자정 부근에서야
어둠의 모서리에 오른쪽의 통증을 앉힌다

낡은 자명종 소리가 명쾌하게 번지면
조각난 봄의 퍼즐이 방 안 가득 흩어지고
나는 다시, 나를 앓는다

칼날같이 깊은 밤

공복의 위장이 허기를 바깥으로 출력하면
소원은 자주 초라해지고
미완의 날개는 천칭자리와 사수자리 사이쯤에 엉거주춤,

지독한 사랑은
오른쪽 등에서 태어나 겨드랑이를 가로질러
명치끝에서 머문다

살구나무 옆 자귀꽃

분홍 꽃잎을 열면 당신의 목소리가 들려요
꽃잎을 닫으면 당신의 목소리는 사라지죠
색깔이란 그런 거예요
빨강은 빨강의 방식대로
분홍은 분홍의 방식대로
빨강이라 생각하면 빨강이 되고
분홍이라 생각하면 분홍이 되는 거죠
어제 분홍을 물고 날아간 새가 오늘은 돌아올까요
떠난 바람이 분홍 깃을 꽂고 돌아온 것처럼요
어쩌면 쓸데없는 걱정이라고 누군가 말하겠지만
날개 있는 것들은 언제든 떠날 준비가 되어 있다는 것
그래서 우리는 날개를 숨겨두었죠
다음 생까지의 거리를 생각하다가 문득,
뒤꼍 살구나무에 기대어 눈 감고 열까지 세고 나면
대숲에 알 낳은 암탉의 울음 외에는 온통 텅 빈 세상
그 아련했던 적막이 떠올라요
오! 흐르지도 젖어들지도 못하는 나는 어쩌죠
그래도 괜찮아요

오월이 가고 유월이 왔으니까요
살구나무 옆에 자귀꽃 피었으니까요
분홍 꽃술을 만지는 살가운 바람의 손길 있으니까요

작약꽃이 놓인 풍경

너를 볼 때마다
어떤 말이라도 건네야 할 것 같은데 어쩌나

꽃의 공학적 입장에 대한 생각은 늘 한 박자 늦고
부러진 정강이를 이해하기는 더 어렵다

천장 모서리에서 새어 나오는 발라드는
오후 세 시 고양이의 졸음보다 느슨해

—이 순간만이라도 환하거라
연분홍의 정물에게 눈길을 보낸다

햇살과 바람의 말을 빌려 꽃 피운 너처럼
풍경의 이야기를 빌려와 시를 쓰는 오후

오래전 반짝이던 말들 잊은 적 없어
오늘은 네가 쏟아져 내린다

맛있는 소리

병아리 등에 내리는 봄 햇살 소리
어미 보채는 아기 제비 소리
석 잠 잔 누에 뽕잎 갉는 소리
그 소리 사이사이 소낙비 소리
사립문 여닫는 소리
아침을 끌고 오는 바람 소리
구름을 밀어 올리는 암자의 목탁 소리
청설모 지나간 뒤 꿀밤 떨어지는 소리
한 뼘씩 줄어드는 늦가을 햇볕 스러지는 소리
휘영청 달 그림자 골목골목 스미는 소리
수숫대 베는 소리
밀가루 풀 쑤는 소리
추녀 끝 매달린 옥수수 말라가는 소리
아궁이 청솔가지 타는 소리
그믐 밤 책장 넘기는 소리
얼른 자거라 아버지 걱정 소리
마음의 문 열리는 소리

눈동자에 갇힌 별

석양이 다녀가자 당신의 눈동자에서 바다가 사라졌다

한껏 번진 노을은 흰 구름을 밀어 올렸고
밤안개는 저녁을 밀쳐내고
달빛을 낳았다

컹컹 어둠이 짖는 소리에
개밥바라기별이 눈을 뜨고
소쩍새는 소나무 숲을 헤치고 내려와
물고 있던 일곱 개의 이야기를 풀어놓았다

사라진 고양이처럼
카시오페이아가 사라져버린 밤
비행기가 자주 행성을 물어 나르면
당신의 눈동자에 갇힌 별이 글썽거렸다

빛나는 것들의 움직임에는 이유가 있는 법

그 여름의 사랑처럼
숨을 오래 참으면
별빛은 물결무늬로 심장을 향하고
초승달을 기다리는 당신의 눈동자는
다시 푸른 바다로 출렁거렸다

유월

비스듬히 펼쳐진 한낮의 눈부심을
금 간 기억 위에 올려놓으면
지난해 그 꽃,

새끼손가락 반 마디쯤 늘어난
안절부절의 시간에도
초록을 출간하는 연두의 솜씨는 그대로이다

서문시장 육교 위에서나 따라왔을까
모노레일 안으로 들어서는 나프탈렌 향기를
오후의 오선지에 채우고
허밍, 허밍

너를 생각했던 동안과
나를 생각했던 동안이
간결하게 다녀간다

내밀한 화간(花間)의 간격을 햇살이 폴짝거려도

바람은 ㄴ긋

뙤약볕이 점층법으로 개망초의 영역을 늘려가는

채마밭 뒤 풍경은

세상 그 어떤 말보다 싱그런 위안이 된다

치자꽃과 꽃치자

저 하양을
꽃이라 하자
향기라 말하자
새콤달콤 걸려 있는
꽃이라 치면 꽃이 되고
향기라 말하면 향기가 되는
치자 꽃이라면 치자꽃이 되고
꽃이라 치자 하면 꽃치자가 되는
저, 창백해진 잎사귀의 불안을
저, 반짝이는 꽃잎의 궁리를
저, 아물다 만 노란 상처를
저, 별빛의 두근거림을
저, 햇살의 여백을
저, 둥근 미소를
향기라 치자
저 순수를

눈물이라 하자

기억에 대하여

과거형일 것

늘 그 자리엔 우물이 있을 것

사라졌어도 있을 것이지만 영원은 바라지 말 것

수면에 닿은 두레박 소리로 깊이를 가늠할 것

흔들린 만큼 쏟아졌다고 원망은 하지 말 것

반의반쯤을 반복하여 키보다 더 높은 물독을 채울 것

문고리에 들러붙던 손가락으로 발가락을 만져볼 것

지워진 기억에겐 11월처럼 가지런한 위로나 해줄 것

빠알갛고 동그랬던 시절이 과거형으로 날아오를 것

물구나무딱정벌레

불가능 앞에서
가능이라는 말을 떠올리면
목이 말라
영원이라는 말이 생겨나요
가령, 그늘을 꿈꾸는 일은 아주 쉽다는 말과
아직 아무것도 도착한 것이 없어
내 손은 가볍죠, 라는 말 사이에서
당신을 만나는 방법은 간단해요
바람을 등지고 물구나무서기를 하면 되죠
살아내기 위해서
미명을 헤치고 사구(沙丘)를 오르는 일에 비하면요

목마른 놈이 우물 판다는 말을 믿어요
죽을힘을 다하면 살 수 있다는 말처럼요
세상에서 제일 처절한 풍경이라고는 말하지 말아요
살다가 길이 보이지 않을 때에는
나처럼 거꾸로 서든지 무너져 봐요
어제와 다른 세상이 나타날 수도 있어요

꽃과 잎의 순간은 너무나 짧아요
오르다 무너지고
내리다 무너지며
다시 눈을 뜨면 또 다른 하루가 열려
살아있는 나를 느껴요

모래의 완성은 늘 멀어요

흑백사진

한 차례 소나기가
풀벌레의 언어를 잔뜩 풀어놓았다

그 세계의 말은 다정하기도 해서
오갈 데 없는 고요의 행간에 쉽게 닿는다

자정은
불가능을 가능으로 꿈꾸기에 알맞은 시간

바람 없는 밤
오래전 생각을 앞질러 걸어도 되는 밤
모처럼 근심 없이 머루가 영글어도 되는 밤

문득, 속눈썹 사이로 별 하나 반짝인다

액정 속에서 흐르고 있는
아버지

제2부

압화

적막한 행간에 찍힌 화인(花印) 하나

아!
미라의 입술

한때
영원한 사랑의 붉은 맹세였을

시집 속
압화 한 잎

메이팅 콜

창문을 닫지 마

반짝이던 한낮의 수식어들 모두 잠들어버린
달빛의 시간이야

통속적이라고 놀려도 괜찮아
창틀에 앉아 목을 빼고
건너편 흰 고양이를 훔쳐보기도 해

너의 심장을 만져보고 싶어
너의 젖은 발바닥을 만져보고 싶어

애써 울려고 노력하지 마
애써 웃으려고도 하지 마

잃어버린 너의 목소리는
잃어버린 너의 과거야

그러니 오늘밤은 나랑 놀아줄래

망설이지 말고
불안해하지 말고

오래된 그리움에게

바다로 가는 길에
보랏빛 수국 환합니다

무릎을 꺾어
층층으로 걸어놓은 꽃잎의 문장을 만지며
접어둔 고백 하나 꺼내 펼칩니다

위험 수위를 찰방거리는 어둠의 감정선,
우리의 간격은 무엇입니까

문득, 바람이 스칩니다
앵강다숲으로 가는 기척이겠죠

수면에 쪼그려 앉은 뭇별의 등을 토닥이면
밤의 원고지엔 말줄임표만 무성합니다

박하 향 가득한 길을 되돌아 걸으면
개구리 울음이 층층으로 쌓이는 밤

달콤한 비파 향이 마을을 에워쌉니다

저, 달빛 등 돌리기 전
오래된 그리움에게
긴 편지를 써야 할 것만 같습니다

청화백자초화문병

나비가 될까 꽃이 될까
갈림길에 서 있었던 적 있었다

꽃이 되었으므로
화려와 순수 사이의 갈등을 버렸다

노을의 속성과 소멸을 뛰어넘으면
불멸이 되는지

그 어떤 말, 그 어떤 문장으로도
영원을 붙잡을 수 없을 때
쏟아지는 노을의 안쪽을 걸었을 것이다

몇 세기를 삭제시켜도
꽃은 꽃이어야 하므로
영원이어야 하므로
제 스스로 갇히는 무늬가 되었다

저, 시린 칭초
빗금 하나 없는 봉인

영원을 가두는 풀꽃의 방식이다

자정 무렵

복합기 위의 이면지는 열네 살 고양이의 깊은 수면 영역
등 위엔 강아지의 엷은 잠꼬대

긴 가뭄 중에도 길 건너편으로 넝쿨손을 내미던 경이(驚異)와 자꾸만 들러붙는 햇살을 떼어내고 싶었던 세 번째 수요일을 생각한다

잠이 덜 깬 새벽의 입술을 부리로 쪼아 아침의 문을 열어줄 어린 새의 모닝벨과 이소(離巢)를 생각하며 수많은 물음표와 입 안에서 맴돌던 한 마디를 날말로 뱉어내지 못할 때의 숨막힘까지 새로 산 책 속에 잠시 숨겨놓기로 한다

고요와 적막이 손잡고 만든 밤의 울타리 안에서
올해 처음 마주친 원추리꽃을 자신 있게 나리꽃이라 말해준 사람을 기다리듯 떨어져 밟힌 살구향이 유월처럼 스며 번지는 아침을 기다릴 것이다

추신 없는 편지

입추를 넘기고서야 가뭄이 풀렸다고 첫 줄을 씁니다

달맞이꽃이 멋진 비행운을 기대하며 노랗게 부풀어가는 중이라고 말을 보탭니다

잠시, 그대를 생각하는 동안
물오리 두 쌍이 깃에 숨겨둔 어둠을 풀어놓았습니다

팔거천은 갈 길 바쁜 석양을 불러와 징검돌 위에 해거름의 분량을 늘이고
하루살이는 떼로 일생을 마칩니다

개망초가 코스모스를 잉태하는 동안
구름은 달빛을 분만합니다

내 마음의 활주로가 그리운 저녁이라는 추신을 생략하고 맺습니다

붉은 사막

눈물 글썽이던 별 하나를 머리말에 두고
어린 왕자와 사막여우와 불시착 사이에서
당신을 또 놓쳤다

누군가의 뒤를 따라 걸었지만
발자국은 금세 사라졌다

온몸이 아파왔다

새끼를 빼낸 자국은 오래된 모래층 같아서
손톱을 세워 긁고 나면
다시 자라나는 배꼽
한참이나 눈을 뜨지 못하고 발버둥 쳤다

간신히 새벽꿈을 건너면 온통 붉은 사막
몸이 기억하고 있는 마지막 주소

낙타는 더 이상 울지 않는다고

꿈속에서 누가 말했던 것 같나

사막은 건너는 것이 아니라 견디는 것이다

염전

예감의 묘미는 어긋나거나 비껴가는 것

먼 산은 일찌감치 소금밭으로 뛰어들었고
나문재는 다시 붉어졌다

짜디짠 인내 앞에서는 갈잎마저 울고 싶어져
바람 없이도 흔들렸다

뙤약볕 아래 반짝인다는 건
할 말이 많지만 참고 있다는 것

무엇이 되기 위해서는 무엇에 갇혀야 되고
뜨거운 말에 귀 기울여야 하는 법

낡은 소금 창고를 점령한 거미가
거꾸로 매달려 염천(炎天)을 건너고 있었다

전깃줄에 걸터앉아 석양은

예감을 비껴가는 중이있고

다시 소금꽃이 활짝 필 것이므로
오늘은 바다와 잠시 어긋나도 괜찮겠다

모란을 놓친 이유
— 대홍사에서

모란을 놓친 이유를 말해보라고
떼를 써볼 요량이었는데
난데없이,
검은등뻐꾸기 독송이 시작된다

딱 한 발 늦었기 때문이라며
허공은 삼세불을 대신해서
따끈따끈한 비행운을 내놓는다

아무 죄 없는 하늘은 자꾸만 파랗게 질려갔고
뒷산은 멀리 자비를 전파 중이다

철 지난 동백도
비로자나불도 잠깐 잊기로 하고
쪽동백 생각만 했다

앞으로 피어날 꽃에 대한 무늬는
여백으로 남겨두고

바람의 숨소리만 안고 돌아섰다

피안교 아래 맑은 물소리가 종일 따라다녔다

치통

파노라마가 하순(下脣)을 훑으며 지나갔다

혀 밑에 숨겨둔 부끄러운 말들
다 들켜버렸다

치아가 뿌리째 흔들리는 건
어쩌면 포기 쪽으로 기울어졌다는 것

든 자리보다 난 자리가 더 크고 아프다는
옛말이 옳았다

기계적인 대화 사이로
사랑과 그리움이라는 아련한 말들이 들락거렸다

발치에 잠든 고양이 잠꼬대가
진통제보다 위안이 되었다

회양목

계악 조건은 일 년에 딱 한번
핀 듯 만 듯 향기도 없이
아무도 모르게

순간순간이 모험이에요
벌떼 윙윙거려야만 꽃 피운 줄 알까요
무관심 속에 꽃을 피워요
꽃인 듯 아닌 듯

예고도 없이 잘리는 건 이미 흔한 일
비명과는 거리가 먼 불안한 입술

꽃 지면 계약은 끝이에요

남은 하루하루가 다짐이네요

김태정 시인을 찾아서
— 미황사에서

일주문 앞,
어디서 오는지 모를 바람이 안깁니다
삼복 볕을 정수리에 이고 서 있어도 서늘합니다

어느 쪽으로도 가깝지 못한 내가
마냥 가득한 초록 그늘 따라
설레며 걷다가 걷다가 설레며 돌계단을 딛습니다

대웅보전 문 밖에 서서 첫 합장을 합니다
닫힌 나를 엽니다

문득, 뒤돌아봅니다

바람개비조차 묵음으로 견디는 칠월
땅끝으로 번지는 독경 소리에 참나리꽃이 입술을 오무립니다

자하루 앞, 돌계단 아래

수국처럼 쪼그리고 앉았다가 떠나갔나 봅니다

그녀는 어디에도 없고
아무 곳에나 있었습니다

그림자를 넓혀가는 솔 그늘 아래
열흘이면 참 좋겠다는 생각만 하다 돌아섭니다

추풍령

솔직히 말하자면
트로트보단 발라드였다

처음엔 지명에 이끌렸고
가을비 촉촉한 아침
까치 소리에 묻어 올라온 쓸쓸함이 그다음의 이유라면 이해가 될까

구름이 자고 가면 얼마?
바람이 쉬어 가면 얼마?

굽이마다 얼마큼의 한이 서려 있는지 별 관심이 없었다

솔직하게 고백하자면
쇠죽 끓이다가 라디오에서 섬마을 선생님이나 찔레꽃이 흘러나오면 나도 모르게 부지깽이 장단을 맞추게 하던 트로트보다는 발라드가 좋았다

어쩌나가,

목이 메어 우는 기차의 사연이 궁금했고

다시 말하자면

싸늘한 철길을 숨넘어가는 목소리로 굽이굽이 돌아가는 무궁화호의 사무친 아쉬움은 어떤 것이며 눈가에 어린 눈물이 두 뺨에 흘러내려 흐려지는 뒷모습이 알고 싶었을 뿐이었다

다만,

가수 이름과 얼굴은 가물거려도 중저음의 그 목소리가 기적(汽笛)처럼 아련해지는 오후였다

지금은 그저 하염없기로 하고
— 신두리 사구(砂丘)

안녕, 잘 있었나요

오래된 시간의 자국과
표범장지뱀과 갯메와 물떼새의 둥지까지

꼬리뼈를 건드리면 바람이 이는지
햇살을 안으면 자국이 생겨나는지는 궁금하지 않아요

순비기 언덕에서는
아무도 마주친 누구에게 말 걸지 않아요

빨간 지붕과 세 개의 등대와 이백 개의 풍경은 옵션

서로가 서로를 낳는 중이라 말할 때
석양은 오래 참아온 말을 풀어 수채화를 그려요

파도가 밑줄 긋고 달아날 때마다
비밀의 문이 늘어나면

어린 별은 꺼내 물병자리를 만들어요

일찍 잠이 들면 파도에 뺨을 맞을 것만 같은 밤
가위눌리지 않은 시간을 지나
아침이 생겨날 때까지 자줏빛 달리아와는 잠시 이별

풍경을 머금은 입술을 위하여
지금은 그저 하염없기로 하고

키 작은 나팔수를 위하여

낮달이 종점인 비행기를 놓치고
아무렇게나 흘려놓은 비행운을 따라가네

충혈 된 눈으로 그림자를 잡으려면
종소리는 주머니에 넣어야 하네

완벽한 외로움에 닿으려면
두 개의 심장을 다 건너야 하네

시린 발가락과 두근거리는 종아리는
아무에게도 발설하지 말아야 하네

은밀히 낮달에 닿을 수 있게
혼잣말도 가슴에 묻어야 하네

입술을 닫고 노래하듯이
나비가 가볍게 날아가듯이

꿈꾸는 건필

잠시만 기다려 주실래요
내가 나타날 때까지 기대하셔도 좋아요
자, 지금부터는 내가 나를 찢을 거예요
내가 살아남는 방법이니까요
햇살이 따가우면 따가운 대로
바람 불면 부는 대로
갈증 나면 나는 대로
그냥 그렇게 살아갈래요
바깥에서 안쪽을 부러워하는 일
안쪽에서 바깥을 동경하는 일
입장을 바꿔보면 모두 그리움이라는 거죠
화살나무 잎사귀가 물들어가는 것과
얼룩무늬 고양이를 생각하는 것
그건 아주 행복한 일
허공에 걸어놓은 꿈은 생각 없이도 자꾸 자라요
보이지 않는 길 위에서도 무섭지가 않아요
다음의 내가 불쑥, 나타날 때까지
기다려주실래요 꼭,

가을 아래 가을

늦장마 다녀간 뒤
물여뀌꽃 피었습니다

당신은 먼 곳에 있습니다

풀물에 젖은 발목은
이미 마음껏 울어도 되는 가을의 부분 속으로 향하고
깃에 묻은 하루의 고단을 털어낸 물새들
오늘의 식탁 쪽으로 날아갑니다

문득 올려다보니
해가 진 곳에서 가장 먼 동쪽 하늘이 더 붉습니다

달빛이 잠길 때까지
징검돌 위에 쪼그리고 앉아
여울이 풀어놓은 밤의 이야기에 귀를 엽니다

기도는 점점 간절해집니다

눈시울이 뜨겁습니다

가을 아래 가을입니다

따뜻한 꿈

첨성대 옆 더 붉어진 꽃무릇의 이마가
천천히 식어가는 밤입니다

뿌리를 뒤적이다 잠이 든 날은
천년의 시간에 휘둘립니다

낡은 고집불통을 불사르면 말랑해질까요

잘라낼 굳은살이 많다는 건
벗겨낼 비밀이 많다는 거
웅크렸던 역사가 내려앉을 입술은
언제나 뜨겁다는 거

치마폭에 싼 연꽃무늬 기와와
판독 불가능의 목간을 왼손으로 움켜잡고
아버지의 갈비뼈를 오른손으로 쓰다듬다가
심장을 짓누르던 가위를 간신히 벗어나면
울음이 터집니다

아버지를 꿈꾼 날엔
에밀레 종소리가 들려옵니다

발효된 신라를 생각하는 밤입니다

사이

수련이나 자주천인국은 자못 고전적이기도 해서
때가 되면 소리 소문 없이 사라지기도 해

이를테면 능소화의 관능미라든지
목백일홍의 근육미라든지
금불초 꽃잎에 앉은 노랑줄무늬나비라든지
저들 또한 때가 되면 사라질 것들

본래 있었던 것들과
본래 없었던 것들 사이

밥상머리 대화는
하루하루 굵어지는 석류알보다는 이미 사라진 것들이 주인공이 되고

자화상을 지워가는 담장 위 능소화는
꽃 진 자국이 더 아름다웠다

제3부

연필을 깎았다

바람이 삿아들고 오래된 비가 그질 때까지

지워버린 썰물이 밀물로 돌아설 때까지

말이 말의 입장을 헤아릴 때까지

당신이 다 저물 때까지

정수리 위로 각시별 하나 돋아날 때까지

골목 끝 블랙 캣, 직립보행의 꿈을 완성할 때까지

당신의 한숨이 돌담 사이로 빠져나갈 때까지

세상의 온갖 형편이 잠들 때까지

나에게 유리한 답을 찍었더니

당신은 어떻게 살기를 원합니까
남들 사는 만큼이라 했다
일주일에 세 번 이상 운동하느냐고 해서
할 때도 있고 안 할 때도 있어
그냥 그렇다고 했다
심장마비나 뇌졸중으로 돌아가신 분이 있냐고 해서
아버지 생각에 잠시 고민하다가 없다고 했다
성격이 감정적이며 공격적이고 쉽게 화를 내냐고 묻기에
그럴 때도 있고 아닐 때도 있어서
아니라고 했다
행복합니까
불행합니까
딱히 불행하지는 않으니 행복하다를 찍었다

"당신은 정상입니다.
당신의 기대 수명은 96세입니다.
앞으로 13140일 정도 남았습니다."

좋아해야 할까?

슬퍼해야 할까?

장마철

1
비 때문에 그나마 괜찮은 날이었어
눈물을 닦지 않아도 들키지 않을 것이므로

트럭 위, 네 발로 버티어도 과속방지턱 지날 때마다 더 펄럭이는 작은 귓속으로 장대비는 하염없고 그 하염없음으로 인하여 내가 더 하염없어지고 꿀꿀 소리는 한 번의 나부낌도 없이 빗줄기를 타고 길바닥으로 방전되다가 영원히 되돌아올 수 없는 28번 국도를 지나갔어

가여운 것들의 명줄은 질기지도 못해

2
우회전하면서 딱 그만큼 기울어지다가
소문난 국밥집을 스쳤어
35번 국도로 접어들어도 여전히 덥고 습한 북태평양 기단의 영역
불안정의 비는 계속 내리고

몇 분 전 오토캠핑장을 지나오면서 언제 목살이라도 구워 먹자 했던 말을 꿀꺽 삼켜버렸어

양동이로 퍼부어대는 하늘이 도무지 다행이라면 다행인 날이었어

가끔은 하느님도 눈물을 무단 방류할 필요가 있는 날이 있나 봐

봄밤

목련 가지 끝에 백열등 여럿 내걸렸다

오리온자리와 초승달 사이를 빠져나가는 저 비행기의 순간은 얼마나 먼가 밤의 색깔이 짙어질수록 탄생의 속도가 빨라지는 저 별빛의 향기는 또 얼마나 아득한가 이소라의 노래를 흥얼거리면 나는 왜 서러워지는가 이 쓸쓸함은 어디에서부터 밀려오는가

나를 에워싼 너에게 마음을 허락하노니

저 깊고 푸른 어둠 속으로 사라져도 괜찮겠다, 봄눈처럼 그렇게 당신이 왔으면 좋겠다

내일은 맑음

너에게로 가고 싶다는 말은
아랫목에 묻힌 밥그릇의 뜨거움이 생각났다는 말

한 그리움이 한 그리움에게로 옮겨졌다는 말

수색 지나 행신
자주 말고 가끔

뙤약볕 등에 지고 방음벽에 매달려도
꽃 노릇에 열중인 능소화

내일은 밝음에 손가락을 걸고
너에게로 달려가리라

인생 황금기를 지났다는 말
오늘부터 믿지 않기

겨울 나비

빨강으로 색칠해 줘
까만 반점은 기본으로 넣고
더듬이는 딱 한 개만 부탁해
그 옆엔 비밀번호가 다섯 개인 시계꽃을 그려 넣고
아무에게도 시간은 말해주지 마

언젠가 날 수 있다는 희망을 바탕색으로 넣으면
닫혔던 계절의 문이 열리겠지
다가설 한 번의 기적을 위하여

날개가 있어도 날지 못한다는 망상 같은 건
마음에 두지 말기
믿었던 친절에 날개가 꺾여도
이상하단 생각하지 말기

바다가 수평선을 버려야만 파도가 되고
파도가 바다를 버려야 나에게 닿을 수 있듯이
무엇이 되고 나서야

무엇을 깨닫는 세상의 파도를 위하여

나는 나비가 되기로 했어

다만 안녕

나를 스쳤던 바람이거나
내가 떠나보낸 구름이거나
모두 안녕

나에게서 멀어져 간 산맥이거나
나를 떠나버린 작은 집이거나
다만 안녕

나를 밀쳐낸 시간과
격렬하게 아무것도 하고 싶지 않았던 날들과

무수한 안녕을 고한 후에야
비로소 안녕이 되는

일출과
일몰 사이 모든 경계들도 안녕

문틈으로 새어드는 소문과

빚쟁이처럼 드러눕는 불면도
영원히 안녕

착한 외계인을 만날 거라는 오늘의 운세도
이젠 안녕

즐거운 시냇물

손바닥을 쥐었다 폈다 뒤집었다 반복하는 미루나무 잎에 다가서서 "넌 장난을 좋아하는구나" 물어보는 사이 오래된 이젤을 펼쳐 세우고는 함지산 자락과 장미마을을 앞뒤로 앉히네.

너는 내 마음의 북극성이라던 심장 간지러운 말을 꺼내 옆자리에 앉히고 괜스레 얼굴 붉어진 서천(西天)까지 불러와 일렁일렁 왈츠를 추며 어쩔 줄 몰라 하는 저 몸짓이라니

좌회전할까? 아니야 우회전할까?
아! 차라리 직진이 나을 거야
망설임마저 즐거워 보여

혼자 재잘거리다가 궁리에 궁리를 더해보다가 옆구리를 찌르는 달빛에 놀라 잠시 흔들렸던 눈빛을 접고 다시 경쾌하게, 발랄의 템포로 내딛는 너는

고장 난 손목시계

퇴행성관절염이거나 류머티즘 판정이 날 게 뻔하던 것이 돌아간다. 돌아간다기보다는 기어간다. 기어간다기보다 꿈틀거리며 간다. 썩 내키지는 않지만 나름 서먹했던 거리 좁혀보려는지 모처럼 시침, 분침, 초침이 작당 모의를 한 것일까. 간만에 어깨동무하고 구석구석 참견할 거 있나 살피며 꿈틀거리며 돌아간다.

나름 반짝였다던 과거는 어느 행성에 안착했는지 꿈결 같을 거란 기대에 기대게 해줄 푸른 미래는 어느 동네, 어느 잔물결을 타고 다가오고 있는 건지 별 생각 없이 돌아간다. 무거운 무릎으로 기어간다. 등 돌린 낙엽처럼 어정쩡하게 돌아간다. 시간을 꺾고 그야말로 한때는 잘나갔다던 세월이 순간만이라도 멈춰지기를 바라는 간절함을 모르는 바 아니지만 되돌릴 궁리의 주머니는 겨울나무처럼 빈약하기만 하다. 납작 엎드렸던 손목시계가 심장 한복판에서 재깍거린다.

또 다른 한계령*을 위한 연가

낮밤의 경계가 뚜렷해지면
골골이 편을 갈랐던 구름의 손을 잡고
먼 산은 등 뒤에 감춰두었던 어둠을 꺼낸다

백두대간 산허리와 영마루가 없어도
한계령이 되는 여기에서
뜻밖의 폭설*을 꿈꾸면 안 될까

저녁의 막을 뚫은 하현달이 하얗게 웃으면
무장해제된 목구멍으로
이제는 바다가 아닌 것들과
소주 몇 모금이 뜨끔거리며 통과한다

어둠은 이미 바다의 기억들을 지워버렸고
잔뜩 머금었다 뱉은 파랑은
불판 위에 올라앉아 눈물을 찔끔거린다

얼마나 뜨거울까 저, 입술

어깨가 무너지고 눈물샘이 뚫리면
여행자는 휘청거리는 수평선 위에
또 다른 고립의 꿈을 세운다

---

*포항 영일대 조개구이 집.
*문정희 시인의 「한계령을 위한 연가」에서 차용.

그저 담담한 말투로

닳은 손톱과 잘려 나간 손톱에 대해
한 줌의 자비도 미치지 못할 때
중심을 생각했다

정점으로 치닫는 두 개의 곡선 앞에선
쉬운 말보다는 어려운 말들이 오가고
세상의 논리에 길들여진 심장은 여전히 붉어
예측하지 못했던 중심을 읽게 된다

지금은 막힌 물줄기를 뚫어야 하는 시점
정체의 내부에 갇힌 운명을 꺼내기 위해선
배관공을 불러야 한다

버릴 수 없는 습관이 다시 습관으로 자라나면
순간, 중심이 무너지고
간신히 눈꺼풀을 올리며 무거운 밤을 넘긴다

자욱해지려고 모의 중인 안개는 중심이 없으므로

너무 쉽게 들킨다

드러낼 수 없는 상처가 더 아프다는 걸
이제야 알겠다

부탁
—수의

서랍장 맨 아래 칸을 당겨
얼드렸던 스무 살을 꺼내시네요
멍든 목련 꽃잎을 닮은 옷 한 벌이
세월의 수레바퀴를 돌립니다
떨리는 두 손으로 한 겹 한 겹 펼치시면
어머니, 빛바랜 세월에 날개 하나 돋을까요
연분홍 옥사 원단 돌돌 말린 그 세월을 기워
이승의 마지막 날에 입혀달란 그 말씀이
울컥, 심장을 찌르지만
그러겠노라고 대답했습니다
땀땀이 박음질된 스무 살의 설렘과
반세기를 뛰어넘은 연분의 시절이 눈가에 번집니다
젖어든 눈동자에 한생이 지나가고
울컥이는 회억들을 꿀꺽 삼키면
바람 이는 마음 한복판에
오란비 쏟아지겠지요
어머니

두더지 잡기

방망이 들고
오로지 한곳만 응시하다가
대가리 쳐들고 올라오면
있는 힘껏 내리쳐요
손아귀 피가 나도록
생각과는 다르게 헛손질이 많네요
정조준을 해봐요
타이밍 조절이 안 되니
방망이가 부러지네요
죄들이 넘쳐나요
눈물도 넘쳐나요
여기저기 봄꽃들 터지는데
지금 이곳은 속수무책
아! 빵뚜아네트*
부산 누르면 울산이 뛰고
서울 누르면 김포가 뛰고
차라리 몽땅 다 누르세요

---

*부동산 급등으로 태어난 신조어.

지금은 연결되지 않아

눈물이 쏟아질 것 같아

지금 연결되지 않는 파도는 과음 탓이라는 변명을 꺼내겠지

구름이 달을 가렸는지

달이 구름 속에 숨었는지

속눈썹만 깜빡이지 말고 잠깐 나타나 볼래

1분 후에 돌아오겠다는 이상한 나라의 말처럼 흔한 말을 믿지 않기로 하면

사라진 파도가 돌아올까

지금은 통화 중이어서 연결이 되지 않아

자세한 내용은 홈페이지를 참고하라는 그 오묘함이 어지럽게 만들기도 해

어둠이 들면 세상의 높낮이가 사라지는 거야

감격의 탄성이 새어나기도 하지만 그건 순간이야

우리는 살아가면서 필요 없는 말을 많이 하지

지금은 전원이 꺼져 있어

오래된 사랑이 그래

사랑이 꺼지면 삐 소리 후 소리샘으로 자동 연결되며 통화

료는

부서진 사랑으로 줄게

당신이 통화 중이거나 전화를 받지 않음으로 연결은 음성사서함에 기대지만

삐 소리 이후 통화료가 부과되는 관계는 매우 불편해

지금은 연결되지 않아

좀 울어도 되지?

결국엔 요지경

처서도 지났는데
쓰잘떼기 없는 비는 자꾸만 찔끔거리고
대리 양반은 혼자 중얼거리는데
마누라는 문자 안 본다고 뭐라 할 게 뻔하고
그 양반은 자꾸 쉰내 나는 말만 꺼내고
나는 건성건성 마른 대답을 내놓는다
어떤놈은술친구해달라하기도한다는데
어떤년은해뜨는거보러가자하기도한다는데
어쩌라고
결심에 결심을 더해도 세상은 요지경인기라
변명을 하자면 아무리 취중이라도 그렇지
첨 보는 사람한테 그딴 소리 하는 사람은
우울증 환자거나 조울증 환자거나 그딴 답이 올 게 뻔하고
허우대 하나는 멀쩡해도
영혼 없이 사는 사람들 그 속에 나도 끼여 있으니
눈도코도입도닫고살아야제
그냥 가자는 길 똑바로 가면 될 텐데
지 할 말 다하느라 가는 길 놓치고

결국엔 마누라한테 한소리 듣게 만들고
결국엔 빗소리 커지고
결국엔 밤도 깊어졌는데
잠은 올 때 자야지
아차 하다간 꼴딱 밤을 새우지
암만 생각해도 세상은 요지경 아이가

희망자원 앞에서

사라진 별을 생각하느라 잠을 놓쳤다면
하현달은 불면의 공범

흘러내리는 하품을 손수레에 앉혀 막다른 골목 기웃거리면 손가락 사이를 빠져나간 한 줌의 희망을 찾아낼 수 있을까?

쓸모없어 버려진 것들과 쓸모에 대해 말할 수 없는 것들과 펴진 것은 주름잡고 주름진 것은 곧잘 폈을 낡은 이야기와 한때는 최신형으로 잘나갔을 과거의 슬픈 노래와 부서지고 닳은 것들의 최후진술들이 닫힌 철문 앞에 모였다

경멸과 연민과 곱지 않은 시선을 따돌리고 반복적으로 굽신거린 허리가 발굴한 고물과 처음부터 고물로 태어난 고물과 알면 돈이 되는 고물과 기타 등등의 잡동사니들과 불법과 합법 사이의 아슬아슬한 편견들

빠진 발톱처럼 다시 태어나는 것이 희망이라고 했나요?
거친 손바닥에 쥐어진 몇 닢의 지전을 꿀꺽 삼키면 울렁거

리는 저 달빛에 닿을 수 있나요?

당신의 희망은 지금도 유효한가요?

틈

나사렛 예수의 사랑은 어디로 갔나
루돌프 사슴 반짝이던 코는 어디에 있나

온 우주의 빛 내려와 어둠을 밝히는데
거리에 넘쳐나던 그 흔한 사랑은 다 어디로 갔나

아아, 모두 먼 곳에 있구나
언 손 문지르며 소리 없이 울어야겠구나

사랑과 자비가 틈에 닿기도 전에
몇 개의 별이 또 태어나는데

세상 모든 가난이 증명될 때까지

메리 크리스마스!

해설

사색의 서정

신상조(문학평론가)

1.

박숙경의 시는 일차적으로 군더더기 없는 '절제의 미학'으로 다가온다. 언어를 학대하거나 비틀고 왜곡하는 작금의 전복적 시작(詩作)과 다른 방향의 길을 걷는 시인의 시어는, 숙련된 보석 세공자의 언어처럼 정교하고 치밀하다. 삶의 진정성을 확보하지 못하는 표현의 미학성은 때로 공허할 위험성을 갖는다. 그런 맥락에서 다음 작품은 시인의 시적 형상화 작업이 포개지기에 의미 깊다. 제목이 '시'이니 시가 시를 이야기하는 메타시에 해당할 터이다. 이 작품 속에서 시는 "겨드랑이 밑으로 곁가지가 돋아"나는 식물에, 그리고 문장 쓰기는 엄격한 가지치기에 비유된다. 시인은 "오지랖", "외고집", "변명과 이유", 나아가 "비명"과 "끈적한 울음"마저 잘라낸 결

과로써 시의 "눈물겨운 균형"을 완성해 나간다고 말한다. 그런즉 시의 실체에 다름 아닌 "혼잣말"은, 언어의 조탁에 앞서 자신을 단련한 존재의 맑은 목소리에 가깝다.

쓸모없이 자라는 오지랖과
한쪽으로만 기울어지는 외고집과
필요 이상의 변명과 이유를 잘라냈다

하얀 비명이 떨어진다
끈적한 울음이 손가락 사이사이 들러붙는다

손금이 뚜렷해지기까지는
얼마의 시간과 얼마의 햇빛이 필요한지

생명선이 길어질 때쯤
겨드랑이 밑으로 곁가지가 돋아난다

저, 눈물겨운 균형

자꾸 혼잣말이 늘어난다

—「시」 전문

이미지의 구사가 뛰어난 박숙경의 시는 작은 풍경의 조각들로 곱게 기워진 서정의 조각보이다. 풍경은 시의 내용이자 형식이고, 시어이자 행이고 연이며 시의 근본이다. 그녀의 "말을 찾고 말을 깁는 과정의 기나긴 궤도진입"을 지켜보았던 어느 시인은 시인의 시를 일컬어 "활짝 핀 화단의 꽃"이라고 표현한 적이 있다. 화단에 핀 꽃과 서정의 조각보가 가진 공통점은 섬세함에 섬세함을 더한 아름다움에 있다. 시인은 사색하며 소요하는 산책자가 자신이 수집한 작고 하얀 조약돌, 반짝거리는 사금파리, 어여쁘고 소박한 풀꽃 등을 하나하나 꺼내놓듯, 수채화처럼 투명한 풍경의 조각들을 차례로 병렬한다. 이 병렬된 조각들은 유기적이다. 수놓는 여인이 "시접을 접어 공그르기"(「부사(副詞)로 엮은 봄의 해례본」)를 하는 특유의 감각과 세심함으로, 시인은 풍경의 조각들을 하나의 구김살도 없이 매끄럽게 바느질한다.

화요일의 점멸등과
우수수 떼 지은 메마른 나뭇잎과
주인을 끌고 가는 반려견과
텅 빈 리어카를 밀고 가는 귀마개를 한 노인과
왼쪽으로 열린 편의점과
오른쪽의 풍진 참기름 집과
전봇대 두 개와 빨간 자두나무 길,

꽤나 선정적인 밤이었을 것 같은 골목길과
모처럼의 햇살과 짧은 치마

—「갸륵함에 대하여」 부분

청설모 지나간 뒤 꿀밤 떨어지는 소리
한 뼘씩 줄어드는 늦가을 햇볕 스러지는 소리
휘영청 달 그림자 골목골목 스미는 소리
수숫대 베는 소리
밀가루 풀 쑤는 소리
추녀 끝 매달린 옥수수 말라가는 소리
아궁이 청솔가지 타는 소리
그믐 밤 책장 넘기는 소리
얼른 자거라 아버지 걱정 소리
마음의 문 열리는 소리

—「맛있는 소리」 부분

「갸륵함에 대하여」가 시각적 심상으로 구성된다면 「맛있는 소리」는 청각적 심상으로 시상이 전개된다. 「맛있는 소리」의 결구인 "마음의 문 열리는 소리"가 함의하듯, 병렬되는 일련의 풍경들은 내면과 관련된 서정의 시원성을 환기시킨다. 이러한 풍경들은 산책자에게서 발견되는 사색의 깊이를 간직한 이미지들이다. 하나의 완벽한 문장이 될 풍경들을 수집하며 시인은 걷고 또 걷는다.

근본적으로 산책자는 사색하는 자다. 산책자는 외부의 풍경과, 이어지고 갈라지는 길과, 자신의 내면적 호흡을 보행의 느린 속도와 일치시킨다. 이는 시의 속도이기도 하다. 모든 시가 그러하지만, 특히 박숙경 시의 독자는 그런 의미에서 천천히 느긋한 속도로 완상하듯 시의 길을 따라가야 한다. 아마도 일상적이고 담백한 시의 행간과 행간이 고요히 넘어가는 책장처럼 부드럽게 읽혀지리라. 그러다 밀도가 점점 촘촘해지던 시의 표면에 불현듯 삶의 기미가 선연하게 떠오른다. 무대감독이 작품 전체의 분위기를 연출하듯, 행간들의 풍경에 내면을 겹쳐놓으면서 그 안에서 흔들리는 미묘한 정서와 삶의 비의성을 탄탄하게 짜나가는 박숙경 시의 수법은, 첫 번째 시집에 이어 두 번째 시집인 『그 세계의 말은 다정하기도 해서』 이르러서는 가히 절정에 달한 듯하다.

외다리로 서 있는 왜가리의 왼쪽 다리부터이다

낯익은 길고양이 신경을 곧추세우고 꽃마리 앞에 무릎 꿇을 때부터이다

징검돌에 닿는 물의 목소리가 커지고부터이다

물고기들이 배를 뒤집어 은빛으로 뛰어오를 때부터이다

북서쪽으로 번져가는 노을의 꽁무니를 바라보는 눈동자에 물기가 어린 순간부터이다

비행운이 사라지고부터이다

매천역을 통과한 스카이레일이 놀빛 속으로 빨려들고부터이다

파문을 그리던 물오리가 집으로 돌아갈 무렵부터이다

비둘기 떼 지어 교각 아래로 숨어들 때부터이다

등 뒤로 번져오는 저녁의 서정을 차마 감당할 수 없어 하늘 향해 입술을 삐죽이고 있는 이팝나무 정수리부터이다

하릴없이 마음 급해지면 보이지 않는 것마저 흔들린다는 걸 알아차리는 순간부터이다

아니다, 그대 발자국 소리에 귀 기울였던 때부터이다

—「어둠은 어디에서 오는가」 전문

전체적으로 이 시는 걸어가는 화자의 시선에 포착된 어느 날의 서정적 풍경을 병렬하는 구조로 이루어져 있다. '왜가리'와 '징검돌', '물고기', 물오리' 등의 자연 사물이 등장하는 걸로 봤을 때, 시인이 도시의 산책로로 조성된 어느 천변을 따라가며 본 풍경을 선택적으로 나열했음을 쉽게 짐작할 수 있다. "징검돌에 닿는 물의 목소리가 커지"고 있고, "비둘기 떼 지어 교각 아래로 숨어"드는 걸 보면 하루해가 점차 기울고 있는 시간대다. 얼핏 보면 이 시에서 시간의 흐름에 내포되어 있는 정서와 화자의 심정을 헤아리는 일은 시의 해석에 중요한 역할을 하는 듯싶다. 「어둠은 어디에서 오는가」의 미감을 형성하는 중요 장치는 이 선형적 풍경들을 순차적으로 따라가다 결국 마주치는 내면적 풍경에 있기 때문이다. 앞에 나열된 풍경이 서정적이고 아름다운 데 반해 시의 후반부에 드러나는 화자의 내면은 다급하게 흔들릴 만큼 예민해진 상태로 보인다. 그렇다면 시인은 "등 뒤로 번져오는 저녁의 서정"으로써 자신의 정서를 드러내고자 했던 걸까?

요컨대 시에서 보다 중요한 것은 언제나 내면이다. 시에서의 '저녁'은 외부의 풍경이 내면의 정념 속에서 발효되는 시간이다. 풍경을 포착하는 시선에 담긴 화자의 내면적 '어둠'을 독자가 예민하게 의식하는 순간, 풍경에서 느껴지는 고요와 평안은 균형감을 상실한다. 시는 제목을 포함한 전체성 속에서 그 의미가 확정되므로, 여기서 우리는 제목의 주체인 '어둠'이라는 시어에 주목할 필요가 있다. 기실 '어둠'은 시의 시작부터 형상화되고 있었다. 시는 첫 행에서부터 마지막 행까지 "어둠은 어디에서 오는가"란 생략된 질문이 주어졌지 않은가. 그리고 이에 대한 답으로써 '—부터이다'라는 서술로 끝나는 동일한 문장 구조가 반복되었음이 확인된다면, 우리는 이 시의 풍경이 환기하는 정서를 새롭게 해석해야만 한다. 풍경과 내면이 하나가 되는 박숙경 시의 정서를 더 깊게 구체적으로 맛보려면 말이다. 문제는 풍경으로 이루어진 이미지가 아니다. 외면적 이미지가 촉발시키는 내면의 정서인 것이다.

2.

비가시적인 것을 가시화화는 것이 시이지만, 역설적이게도 시는 드러내기보다 감추는 걸 미덕으로 여긴다. 시의 난해성과 다의성은 이로부터 비롯한다. 시는 현실을 이야기하지만 현실에서 줄곧 미끄러진다. 시는 시간과 공간과 기억과 사유를 재배치하고, 지시적 언어 속에서 비유적이고 상징적인 시어를 자의적으로 '채굴'한다. 시인과 우리 사이에는 의미를 한정 짓고 규정하기 매우 까다로운 언어들로 이루어진 '시'가 있다. 그리하여 마침내 우리는 시인의 말이 아닌 '침묵'을 공유한다. 가령 다음과 같은 시에서 우리는 무엇을 듣는가?

쉽게 분해되지 않는 음악 속에 휴대폰을 넣어놓고 핸드백 안의 빨간 지갑과 주머니 속의 아이슬란드블루 빛깔을 매단 자동차 키를 넣어놓고

갈라파고스의 놀빛은 무슨 색일까?

유년의 일기장을 넣어뒀을까?

기억 속의 모나코핑크빛 닮은 몇 날들을 남겨두었을까?
아마도, 그러리라 믿으면 오늘의 해가 뜬다
덜 익은 석류가 환하게 익는다

갈라파고스의 진화는 아직도 유효할까?

서랍 안에 잠든 낡은 사진과
천 년 전 추억이라 불리던 몇 개의 음악을
손바닥만 한 앨범에 다시 꽂아두고
8분의 6박자 시칠리아노 리듬 속에
자기장 뜯겨진 오래된 통장과 낡아버린 옛이야기를
나프탈렌 냄새 가득한 빛바랜 한 권의 책과

만지면 부스러질 듯한 네잎클로버 사이에 끼워두고

그 여자는 떠나버렸다

모차르트 Piano Concerto No. 23
아련한 잘츠부르크로

—「모차르트 Piano Concerto No. 23」 전문

"갈라파고스의 노을빛"과, "유년의 일기장"의 행방, "기억 속의 모나코핑크빛 닮은 몇 날들을 남겨두었"는지, 그리고 "갈라파고스의 진화가 아직도 유효"한지를 묻고 있는 사람은 누구일까? "아마도, 그러리라 믿으면 오늘의 해가 뜬다"고 이야기하는 그가 누군지, 또 왜 그러한지를 우리는 알 수 없다. "핸드백 안의 빨간 지갑과 주머니 속의 아이슬란드블루 빛깔을 매단 자동차 키를 넣어놓고", "자기장 뜯겨진 오래된 통장과 낡아버린 옛이야기"와 "나프탈렌 냄새 가득한 빛바랜 한 권의 책" 사이에 "만지면 부스러질 듯한 네잎클로버"를 끼워 둔 채 사라진 "그 여자"는 누구며, '그 여자'를 추억하는 화자는 또 누구인가?

위의 인용 시가 우리에게 주는 주요한 힌트는 '갈라파고스'와 '잘츠부르크'와 '모차르트 Piano Concerto No. 23'이다. 주지하다시피 '갈라파고스'는 남아메리카 동태평양에 있는 에

콰도르령 제도로서 살아있는 자연사 박물관이라 불리는 19개의 섬으로 이루어져 있다. 대륙에서 멀리 떨어져 있어 놀랍도록 고유종(固有種)의 생물이 많이 서식하는 곳. 진화로부터, 세계로부터 고립된 군도가 갈라파고스다. 다음으로 '잘츠부르크'는 모차르트의 고향이다. 때문에 '모차르트 Piano Concerto No. 23'은 '그 여자'가 실제로 잘츠부르크로 가버린 것을 암시할 수도, 화자가 모차르트의 협주곡을 들을 때마다 떠오르는 이가 '그 여자'임을 알려주는 것일 수도 있다. 혹은 '그 여자'는 갈라파고스 군도의 야생생물들처럼 고립되길 원했거나, 그런 고립을 이루었거나, 떠날 준비가 된 날개를 숨겨둔 채 "어딘가로 흐르지도 젖어들지도 못"(「살구나무 옆 자귀꽃」)한 사람인지도……

분홍 꽃잎을 열면 당신의 목소리가 들려요
꽃잎을 닫으면 당신의 목소리는 사라지죠
색깔이란 그런 거예요
빨강은 빨강의 방식대로
분홍은 분홍의 방식대로
빨강이라 생각하면 빨강이 되고
분홍이라 생각하면 분홍이 되는 거죠
어제 분홍을 물고 날아간 새가 오늘은 돌아올까요
떠난 바람이 분홍 깃을 꽂고 돌아온 것처럼요

어쩌면 쓸데없는 걱정이라고 누군가 말하겠지만
날개 있는 것들은 언제든 떠날 준비가 되어 있다는 것
그래서 우리는 날개를 숨겨두었죠
다음 생까지의 거리를 생각하다가 문득,
뒤곁 살구나무에 기대어 눈 감고 열까지 세고 나면
대숲에 알 낳은 암탉의 울음 외에는 온통 텅 빈 세상
그 아련했던 적막이 떠올라요
오! 흐르지도 젖어들지도 못하는 나는 어쩌죠
그래도 괜찮아요
오월이 가고 유월이 왔으니까요
살구나무 옆에 자귀꽃 피었으니까요
분홍 꽃술을 만지는 살가운 바람의 손길 있으니까요

—「살구나무 옆 자귀꽃」 전문

그렇지만 지금까지의 해석은 지나치거나 전혀 불필요하다. 어쩌면 "미묘하게 일렁이는 시칠리아노 풍 리듬에 실려 진행되는 단순한 선율이 감동적인 우수에 더하여 신비로운 기운마저 머금고 있다"라는 '모차르트 Piano Concerto No. 23'에 대한 해석이 이 시의 해석을 대신할 수도 있으리라. 모차르트의 선율을 주조음으로 시에서의 '갈라파고스'와 '잘츠부르크'는 개념으로 설명하거나 요약될 수 없는, 읽는 사람에 따라 다르게 느껴지는 다채로운 상상력에 의존하기 때문이다. 시는 독자의 감각을 환기할 뿐 자세한 설명을 거부한다. '나'의 눈에 비친 현실을 형상화한다는 점에서 소설의 서술자가 기록자인 동시에 관찰자라면, 시의 화자는 현실을 반영하는 재현을 내려놓음으로써 오히려 선명한 감각을 직접적으로 체현한다. '갈라파고스'는 존재의 근원적인 고독을 암시하고, 잘츠부르크는 모차르트 선율의 우수와 신비로움이라는 베일을 '그 여자'에게 드리우는 것으로 족하다. 「살구나무 옆 자귀꽃」의 화자가 경험했던 "아련했던 적막"만이 시의 가장 커다란 소리일 수 있는 것이다. 이 시는 분명한 의미를 전달하지 않는 대신 우수 어린 매력적인 분위기를 자아낸다. 그리고 이렇듯 다의성이 서정과 몸을 섞는 수법은 박숙경의 시가 삶의 비의성을 짜나가는 방식임을 우리는 다시 한 번 확인한다.

3.

시인의 고백이기도 하거니와, 작약꽃이 "햇살과 바람의 말을 빌려 꽃 피운" 것처럼, 그녀는 "풍경의 이야기를 빌려와 시를"(「작약꽃이 놓인 풍경」) 쓴다. "가끔, 풀잎에 기대어 나비를 꿈꾸기도 했다"(「지렁이」)며 고백하는 주체가 지렁이가 아니라 화자처럼 느껴지는 이유 역시 풍경과 풍경 속의 사물이 박숙경 시의 세계를 함축하고 있을 뿐만 아니라 시인의 세계관에 맞춰 이미지화하기 때문이다. "심심한 날이면 자음 모음을 허공에 던져 흩어진 낱말을 낚기도 해요"(「길고양이」)라는 고백에 고양이의 몸짓과 시인의 음성이 한데 겹친다. 또한 "한 차례 소나기가" 지나간 뒤의 "풀벌레"의 울음소리는 "오갈 데 없는 고요의 행간"에 닿는 다정한 "그 세계의 말", 즉 시인의 기억 속에 있는 "아버지"의 목소리에 겹쳐져 들려오기도 한다. 풍경은 시인 내면의 은유이자 기억의 실제인 것이다.

과거형일 것

늘 그 자리엔 우물이 있을 것

사라졌어도 있을 것이지만 영원은 바라지 말 것

수면에 닿은 두레박 소리로 깊이를 가늠할 것

흔들린 만큼 쏟아졌다고 원망은 하지 말 것

반의반쯤을 반복하여 키보다 더 높은 물독을 채울 것

문고리에 들러붙던 손가락으로 발가락을 만져볼 것

지워진 기억에겐 11월처럼 가지런한 위로나 해줄 것

빠알갛고 동그랬던 시절이 과거형으로 날아오를 것

—「기억에 대하여」 전문

기억 속 풍경은 우물을 중심으로 동심원으로 번진다. 우리의 모든 기억이 그러하듯이, 우물은 시인의 기억 속에 영원히 남았다. 키가 작아 발돋움을 하고 물을 길어야만 했던 안타까움이나, 문고리에 손가락이 들러붙던 추위쯤은 이제 아무렇지도 않다. 화자에겐 이제 "11월처럼 가지런한 위로"가 있으니까. "늘 그 자리"에 우물은 있고, 우물의 수면에 닿는 "두레박 소리"가 화자를 "빠알갛고 동그랬던 시절"로 날아오르게 만드니까.

"특별한 정서를 환기하는 자연적인 대상들", 무엇보다 "말들이 가지런하고, 그로써 드러나는 세계의 모습에 분열이 없다."라는 이유를 들어 박숙경의 시를 "행복한 서정"이라고 구분할 수도 있으리라. 그렇더라도 기술이 기반을 두고 있는 세계 내에서 시의 풍경은 온전히 현실을 표상하거나 재생하지 않는다. "시는 하나의 가능성이지, 선험적 영역이나 선천적 능력이 아니다."라고 한 옥타비오 파스의 표현을 빌리자면, 박숙경 시에서의 풍경은 선험적이지도 선천적이지만도 않다. 시에서의 이미지인 풍경은 시인이 창조한 "그 어떤 것", "자신의 불투명한 심연을 열어 보임으로써" 독자로 하여금 "그 심연을 들여다보고 일상에서 벗어날 투명한 언어"로서 존재한다.

석양이 다녀가자 당신의 눈동자에서 바다가 사라졌다

한껏 번진 노을은 흰 구름을 밀어 올렸고
밤안개는 저녁을 밀쳐내고
달빛을 낳았다

컹컹 어둠이 짖는 소리에
개밥바라기별이 눈을 뜨고
소쩍새는 소나무 숲을 헤치고 내려와
물고 있던 일곱 개의 이야기를 풀어놓았다

사라진 고양이처럼
카시오페이아가 사라져버린 밤
비행기가 자주 행성을 물어 나르면
당신의 눈동자에 갇힌 별이 글썽거렸다

빛나는 것들의 움직임에는 이유가 있는 법
그 여름의 사랑처럼
숨을 오래 참으면

별빛은 물결무늬로 심장을 향하고
초승달을 기다리는 당신의 눈동자는
다시 푸른 바다로 출렁거렸다

―「눈동자에 갇힌 별」 전문

"석양이 다녀가자 당신의 눈동자에서 바다가 사라졌다"는 진술은 시간의 흐름을 나타낸다. "한껏 번진 노을은 흰 구름을 밀어 올렸"다거나, "밤안개는 저녁을 밀쳐내고/달빛을 낳았다"는 진술 또한 시간의 경과에 따라 달이 떠오른 정경을 말해준다. "컹컹 어둠이 짖는 소리"는 어둠 속에서 들려오는 마을의 개 짖는 소리이고, "개밥바라기별이 눈을" 떴다는 표현 역시 달빛과 마찬가지로 해가 진 이후의 자연 사물을 인격적으로 묘사한 것이다. 하나도 난해하지 않은 평범하고 일상적인 바닷가의 저녁 풍경이다.

그러나 노을과 달빛과 개 짖는 소리와 개밥바리기별로 가득한 시의 공간은 '평범하고 일상적인 바닷가의 저녁 풍경'이라는 단일한 이미지로 환원되지 않는다. 시인은 그가 경험한 풍경을 정수(精髓)로 압축시켜 우리에게 전하는 메신저이지만, 그 풍경은 독자인 우리가 의미를 공급할 때까지 무한한 가능성이자 텅 빈 기호로 남아 있는 셈이다. 그런 의미에서 시가 독자와의 소통을 꿈꾼다는 말과 독자가 시를 재창조한다는 말은 같은 의미다. 우리는 시의 이미지에 알맞게끔 우리의 기억 창고에서 "당신의 눈동자에 갇힌 별이 글썽"이는 이유를 찾거나, "그 여름의 사랑"과 "숨을 오래 참는" 것이 어떻게 통하는지에 관한 기억을 되살릴 수 있다. "불가능을 가능으로 꿈꾸"(「흑백사진」)게 만들고, "개구리 울음이 층층으로 쌓이는 밤"이면 "오래된 그리움"인 당신에게 "긴 편지"(「오래된 그리움에게」)를 쓰도록 만드는 시. 시를 읽는 일은 결국 마음의 일이다. 하여 박숙경 시의 풍경은 우리의 내부에서, 마치 우리 내부에 저장해놓았던 것을 누군가 끄집어내어 펼치는 기억처럼 다시 시작(始作·詩作)되는 것이다.

시인동네 시인선 156

그 세계의 말은 다정하기도 해서

초판 1쇄 발행 2021년 7월 30일
초판 2쇄 발행 2025년 7월 22일
지은이 박숙경
펴낸이 김석봉
디자인 헤이존
펴낸곳 문학의전당
출판등록 제448-251002012000043호
주소 충북 단양군 적성면 도곡파랑로 178
전화 043-421-1977
전자우편 sbpoem@naver.com

ISBN 979-11-5896-520-4 03810

*이 시집은 2021 대구문화재단 개인예술가창작지원으로 발간되었습니다.